きちんと、おいしい！

乾物レシピ

16種の乾物で、
定番の煮ものからサラダまで86品

石原洋子

切り干し大根
干ししいたけ
きくらげ
かんぴょう
ひじき
干しわかめ
早煮昆布
干しえび

東京書籍

桜えび
ちりめんじゃこ
大豆
ひよこ豆
高野豆腐
干し湯葉
春雨
車麩

はじめに

乾物は、旬のおいしい時期に収穫した野菜や海産物を乾燥させたもので、とれたものを無駄にしない、常温で保存できるなど、優れた元祖・エコ食品として注目されています。

早めに戻して準備しなくてはと思うと億劫になって乾物はなかなか手を出せない、いつも同じ料理になってしまう、どう食べたらよいのかわからないなどの声を聞きます。

面倒と思われがちな乾物ですが、最近は、袋の表示を見ると戻し時間が意外と短かったり、さっと洗うだけでよかったり、戻し方が変わってきたなと思うこともしばしば。加工技術も進歩してきていますし、時代に合わせて使いやすくなっています。この本をきっかけに、戻し方を見直してみました。

乾物料理といえばなんといっても和の煮ものですが、食感を残してサラダやあえものにしたり、洋風やエスニックなどの炒めものや揚げものにしたりすると、違ったおいしさに出合えます。

エコ食品であり、栄養も豊富な乾物を日々のおかずにもっと使ってもらえたらと思います。昔からの乾物料理のよさはもちろん、各国の珍しい料理も食卓に並ぶようになった今、そこに乾物を取り入れると料理のレパートリーが広がります。まずは、使われずに残っている乾物から挑戦してみてはいかがでしょうか。この本が皆様のお役に立てる一助になればうれしいです。

石原洋子

目次

この本の使い方

- 計量単位は小さじ1＝5㎖、大さじ1＝15㎖、1カップ＝200㎖です。
- 食材を洗う、野菜の皮をむく、ヘタや種を除くなど、基本的な下ごしらえは作り方から省いています。適宜行ってください。
- ガスコンロの火加減は、特にことわりがない場合は中火です。電子レンジの加熱時間は、出力600Wのものを使用した場合の目安です。
- 調味料は特に指定がない場合は、しょうゆは濃口しょうゆ、砂糖は上白糖、小麦粉は薄力粉、オリーブ油はエクストラバージンオリーブ油を使っています。
- ご飯1合分は約330gです。

乾物のよいところ

常温で長持ち！

好きなときに好きな量だけ使えます

乾物は食材から水分を抜くことで、腐敗の原因になる細菌やかびの繁殖が抑えられるので、常温で長期間保存できます。水分が抜けるために軽く、小さくなって場所をとりません。ストックしやすく、いざというときの非常食としても役立ちます。

栄養が凝縮！

不足しがちな栄養が摂れて体によい

水分が抜けた乾物は、元の食材の持つ栄養が凝縮しています。多くの乾物がカルシウムや鉄などのミネラル、食物繊維が大幅にアップ。水溶性の

乾物の使い方

乾物はほとんどが水や湯につけて戻して使いますが、中にはゆでるものも。また、桜えび、ちりめんじゃこは戻さずにそのまま使えます。

水または湯で戻す	切り干し大根、干ししいたけ、きくらげ、ひじき、干しわかめ、早煮昆布、干しえび、高野豆腐、干し湯葉、春雨、車麩
ゆでる	かんぴょう、大豆、ひよこ豆
戻さない	桜えび、ちりめんじゃこ

栄養素は水に溶けやすいので、切り干し大根や干ししいたけなどの戻し汁、ゆで汁がおいしいものは、上手に調理に活用します。

うまみがアップ！

乾物ならではのおいしい料理に

乾物にすると水分が抜けた分、栄養と同じようにうまみもギュッと凝縮します。味や香り、歯ごたえも生の食材とはちょっと違った魅力があります。それぞれの乾物の持つうまみや風味を生かせば、普段のおかずにはない乾物ならではのおいしさが味わえます。

乾物の保存方法

乾物は高温多湿と直射日光が苦手。開封前のものは乾燥した冷暗所で保管しましょう。開封したら、残りはジッパー付き保存袋に入れ、冷蔵庫で保存して早めに使いきります。戻す手間がかかる干ししいたけ、かんぴょう、大豆、ひよこ豆は多めに戻して、残りは冷蔵や冷凍保存しておくと便利です。

★ちりめんじゃこはほかの乾物に比べて乾燥度が低く水分を含むため、常温では日持ちがしません。冷蔵または冷凍で保存してください。

切り干し大根

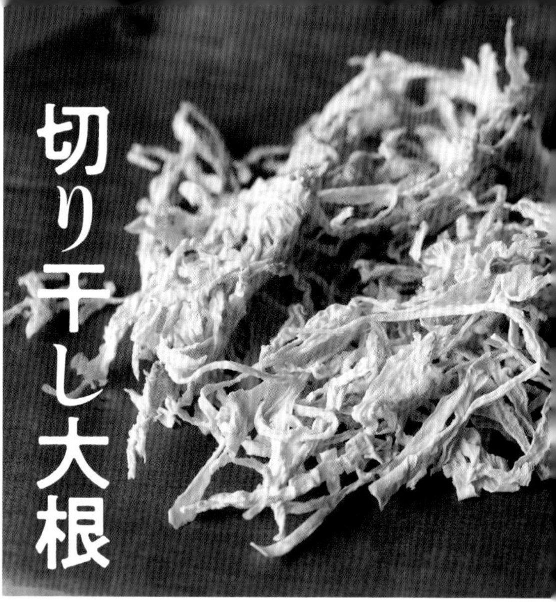

生に比べて甘みとうまみが増し、幅広く使えます

大根を切って干したもの。細く切ったものがよく使われていますが、ほかに太く切ったもの、輪切りにしたものなどもあります。戻し方は仕上がりによって使い分け、やわらかく仕上げたいときは水につけて、歯ごたえを生かしたいときは熱湯を回しかけます。戻し汁にはうまみが出ているので、煮汁として活用します。

切り干し大根の炒め煮

材料(2人分)

切り干し大根　40g

にんじん　1/3本(50g)

さつま揚げ　1枚(60g)

A 酒、みりん、しょうゆ　各大さじ1 1/2

・サラダ油

① 切り干し大根は水で戻し(下記戻し方①参照)、水気を絞る。戻し汁1カップは取りおく。

② にんじんは4cm長さの細切りにする。さつま揚げは熱湯にさっとくぐらせて薄切りにする。

③ 鍋にサラダ油大さじ1/2を熱し、切り干し大根をほぐしながら炒め、油がまわったら②をひと炒めし、戻し汁を加える。煮立ったらAを加え、落としぶたをして、ときどき混ぜながら煮汁がほぼなくなるまで、弱火で20分ほど煮る。

戻し方❶ やわらかく使う場合

さっと洗い、たっぷりの水に10分つけて戻し(写真)、水気を絞る。戻し汁を使う場合は、取りおく。

戻し方❷ 歯ごたえを残す場合

よく洗い、耐熱ボウルに入れて熱湯を回しかけて(写真)菜箸でほぐす。ザルに上げて冷まし、水気を絞る。

●戻すと重さは約3倍に

切り干し大根の炒め煮

おなじみの甘辛味の炒め煮。大根のうまみが出た戻し汁でさらにおいしさがアップ

切り干し大根と豚肉の甘辛煮

切り干し大根が豚肉のうまみを吸ったこっくりとした煮もの

材料(2人分)

切り干し大根　60g
豚肩ロース肉(カレー用)　200g
しょうがの薄切り　1かけ分
Ａ 酒、みりん　各大さじ2
　しょうゆ　大さじ1½
・サラダ油

① 切り干し大根は水で戻し(P8戻し方①参照)、水気を絞る。戻し汁約1カップは取りおく。

② 鍋にサラダ油大さじ½を熱してしょうがを炒め、香りが出たら豚肉を焼き色がつくまで2～3分焼く。余分な脂を拭き、戻し汁をひたひたに加える。

③ 煮立ったらアクを除いてＡを加え、ふたをして弱火で20分ほど煮る。切り干し大根を加え、落としぶたをして、さらに煮汁がほぼなくなるまで20分ほど煮る。

台湾風卵焼き

台湾の卵焼きをアレンジ。ふんわりとした卵の中に、切り干し大根の食感がアクセントに

材料(2人分)

切り干し大根　20g
卵　3個
長ねぎ　⅓本(30g)
酒　大さじ½
豆板醤《トウバンジャン》　適量
・ごま油

① 切り干し大根は水で戻し(P8戻し方①参照)、水気を絞って食べやすく切る。
② 卵は割りほぐし、塩少々(分量外)を混ぜる。長ねぎは斜め薄切りにする。
③ 小さめのフライパンにごま油大さじ1を熱し、①を弱めの中火で炒める。酒を加え、長ねぎをしんなりするまで炒める。ごま油大さじ1を足してなじませ、卵液を流し入れてさっと混ぜ、2分ほど焼く。焼き色がついたら裏返し、さらに1分ほど焼く。4等分に切って器に盛り、豆板醤を添えてつけて食べる。

切り干し大根とソーセージのトマト煮

洋風味もおいしい。生トマトの酸味が切り干し大根にマッチします

材料(2人分)

切り干し大根　40ｇ

ウインナーソーセージ　6本

トマト　2個

A 塩　小さじ½

　こしょう　少々

・オリーブ油

① 切り干し大根は水で戻し(P８戻し方①参照)、水気を絞る。

② ソーセージは斜め半分に切る。トマトは１cm角に切る。

③ フライパンにオリーブ油大さじ１を熱し、①を１分ほど炒める。油がまわったらソーセージ、トマトの順に炒め、Aを加え、ときどき混ぜながら汁気がなくなるまで煮る。

切り干し大根のサラダ

コリコリとした切り干し大根の歯ごたえを生かしてサラダ風に

材料(2人分)

切り干し大根　40ｇ
きゅうり　1本
ハム　2枚
Ⓐ酢　大さじ1
　塩　小さじ¼
　こしょう　少々
　サラダ油　大さじ2

① 切り干し大根は熱湯をかけ、ザルに上げて冷ます(P8戻し方②参照)。水気を絞り、食べやすく切る。

② きゅうりは薄い輪切りにし、塩少々(分量外)をふって5分ほどおき、水気を絞る。ハムは半分に切って、縦5㎜幅に切る。

③ ボウルにⒶを順に入れて混ぜ合わせ、①、②を加えてあえる。

切り干し大根と小松菜のごまあえ

青菜とごまあえに。具材にすりごまをからめてから調味します

材料(2人分)

切り干し大根　20g
小松菜　100g
白すりごま　大さじ1½
A 水　大さじ2
　しょうゆ　大さじ1

① 切り干し大根は熱湯をかけ、ザルに上げて冷ます(P8戻し方②参照)。水気を絞り、食べやすく切る。
② 小松菜は3～4cm長さに切り、茎と葉に分ける。熱湯で茎、葉の順にゆで、ザルに上げて粗熱を取り、水気を絞る。
③ ボウルに①、②、すりごまを入れて混ぜ、Aを加えてあえる。

具材にすりごまを混ぜて香りをつけてから、水で割ったしょうゆを加えてあえる。

はりはり漬け

小気味よい歯ごたえからこの名が。太切りを使いましたが細切りでも

材料(作りやすい分量)

切り干し大根(太切り)　50g
A しょうゆ、酢　各大さじ1½
　砂糖　大さじ½
　水　大さじ1
　赤唐辛子(種を除く)　½本

① 切り干し大根はぬるま湯に30分ほどつけて戻し、ざっと洗って水気を絞る。
② ポリ袋に①とAを入れ、空気を抜いて口を閉じる。途中で上下を返しながら、室温に6～8時間おく。
＊保存は冷蔵庫で。約1週間保存できる。

乾物メモ

切り干し大根(太切り)：大根を太く切って干したもので、歯ごたえがあって漬けものにおすすめ。

COLUMN 1

切り干し大根を作る

乾物の中で、自家製にしやすいのが切り干し大根。石原さんは毎年冬になると、夫とともに手作りしています。大根を切って盆ザルに広げて3〜4日干すだけ。市販品に負けないくらいやわらかくて、甘い切り干し大根に。カサが15分の1ぐらいにギュッと減るのが楽しく、好きな厚さや形にできるのも自家製ならではです。

①大根は皮をむかずに、細切りなら1cm角の7〜8cm長さに、輪切りなら5mm厚さに切り、盆ザルにできるだけ重ならないように並べる。

②下からも風が通るようにし、日が当たるところで干す。日が当たるなら、ベランダでもOK。

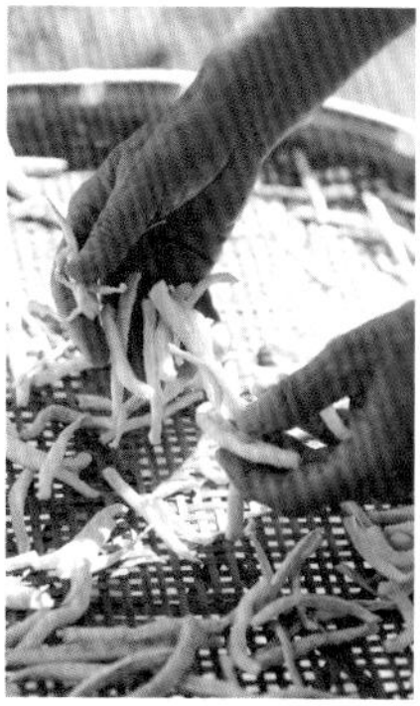

③1日3～4回ひっくり返し、3～4日干してカラカラになればでき上がり。

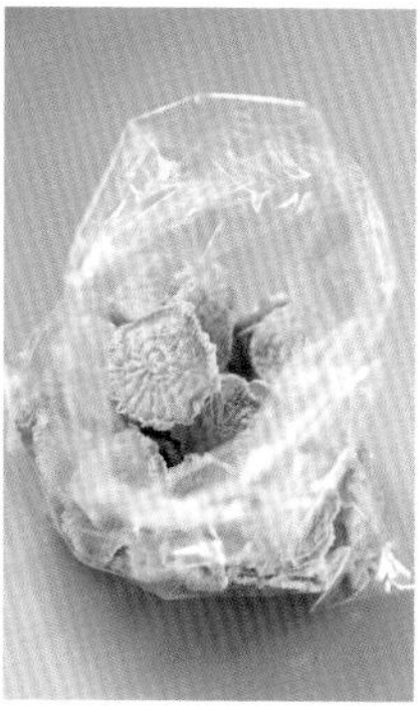

④ポリ袋に入れて、冷蔵庫で保存。市販のものより水分を含むので、早めに使いきる。戻し方は8ページと同様で、料理も同じように使える。

細切りの切り干し大根のでき上がり。このときは2.5kgがなんと150gに。干し加減でも違ってきますが、15分の1以下になります。

自家製の細切りで「切り干し大根の炒め煮」（P8参照）に。やわらかな食感が楽しめます。

干しいたけ

ゆっくりと戻して うまみ、香りを味わいます

しいたけを干したもので、生よりもうまみが強く、独特の香りが生まれます。形の大小、厚さなどによって値段に差がありますが、用途によって使い分けます。時間をかけて戻すと、しいたけは香りが残り、ふっくらとなり、戻し汁には濃厚なうまみが出ます。ゆっくりと戻し、戻し汁とセットで使うのがおすすめ。

しいたけと鶏手羽中の照り煮

材料(2人分)

干ししいたけ　6～8枚(25ｇ)

鶏手羽中　6本

しょうがの薄切り　1かけ分

Ａ 酒、砂糖、しょうゆ　各大さじ1⅓

① 干ししいたけは水1½カップで戻し(下記参照)、汁気を軽く絞り、軸を除く。戻し汁は取りおき、1½カップを準備する(足りないときは水を足す)。

② 手羽中は裏側に、骨に沿って切り込みを1本入れる。

③ フライパンに②を入れ、両面を8分ほどじっくりと焼く。余分な脂を拭き取り、しいたけとしょうがを炒め、しょうがの香りが出たら①の戻し汁を加える。煮立ったらアクを除いてＡを加え、落としぶたをして煮汁が半量になるまで弱火で30～40分煮る。

戻し方

さっと洗い、料理に合わせた分量の水につけ、浮かないように小皿などをのせて(写真)、冷蔵庫に3～4時間以上(できれば一晩)おいて戻す。触ってやわらかくなっていればOK。

●戻すと重さは約3倍に

しいたけと鶏手羽中の照り煮

照りよくふっくらと煮含めます。鶏手羽のうまみも加わってたまらないおいしさ

しいたけの甘煮

甘辛く煮含め、しいたけのおいしさを味わいます。白あえやおすしなどの具にも重宝

材料(作りやすい分量)

干ししいたけ　8～10枚(30ｇ)

🄰 酒、みりん、砂糖、しょうゆ
　各大さじ1½

① 干ししいたけは水1½カップで戻し(P18参照)、汁気を軽く絞り、軸を除く。戻し汁は取りおき、1カップを準備する(足りないときは水を足す)。

② 鍋にしいたけ、しいたけの戻し汁、🄰を入れて火にかける。煮立ったらアクを除き、落としぶたをして、煮汁がなくなるまで弱火で30分ほど煮る。そのまま冷まして味を含ませる。

「しいたけの甘煮」を使って

しいたけの白あえ

材料(2人分)・作り方

① しいたけの甘煮3枚は薄切りにする。

② にんじん⅓本(50g)は4cm長さの短冊切り、ほうれん草50gは4cm長さに切る。鍋に湯3カップを沸かし、塩小さじ1を加え、にんじんを2～3分ゆでて引き上げる。続けてほうれん草をさっとゆでて粗熱を取り、水気を絞る。

③ 木綿豆腐½丁(150g)は厚みを半分にし、ペーパータオルに包んで10分ほどおく。白練りごま小さじ2とともにボウルに入れ、フォークで豆腐を崩しながら混ぜる。砂糖大さじ⅔、塩少々で味を調え、①、②を加えてあえる。

混ぜずし

材料(2人分)・作り方

① しいたけの甘煮3枚は薄切りにする。卵1個に砂糖小さじ½、塩少々を加えて溶きほぐす。フライパンに流し入れ、菜箸3～4本で手早く混ぜ、弱火で炒り卵を作る。

② 絹さや5枚は筋を除き、熱湯でさっとゆでて冷水で冷まし、斜め細切りにする。

③ 炊きたてのご飯1合分に酢大さじ1½、砂糖大さじ1、塩小さじ½を混ぜ合わせて加え、さっくりと混ぜて粗熱を取る。①、白炒りごま大さじ1を混ぜ、器に盛って②を散らす。

しいたけと白菜の炒めもの

とろみをつけたやさしい味わいの中華風炒めもの。大きめの干ししいたけがおすすめ

材料(2人分)

干ししいたけ　3～4枚(20g)

白菜　2～3枚(300g)

ハム　3枚

しょうがの薄切り　½かけ分

[A] 酒　大さじ1

しょうゆ　大さじ½

砂糖　小さじ½

塩　小さじ⅓

こしょう　少々

水溶き片栗粉

［片栗粉大さじ1＋水大さじ2］

・サラダ油、ごま油

① 干ししいたけは水1½カップで戻し(P18参照)、汁気を軽く絞って軸を除き、2～3等分のそぎ切りにする。戻し汁は取りおき、1カップを準備する(足りないときは水を足す)。

② 白菜の軸は一口大のそぎ切りに、葉はざく切りにする。ハムは6等分に切る。

③ フライパンにサラダ油大さじ1を熱し、しょうが、しいたけの順に入れて香りよく炒め、白菜の軸を2～3分炒める。塩少々(分量外)をふって白菜の葉とハムを1分ほど炒め、戻し汁を加え、煮立ったら[A]を混ぜ合わせて加える。水溶き片栗粉でとろみをつけ、ごま油小さじ1をかける。

しいたけと鶏肉の蒸しスープ

具材を入れて蒸すだけで極上のスープのでき上がり。干ししいたけは小さめで

材料(2人分)

干ししいたけ　小6枚(20g)

Ａ 酒　大さじ2
　塩　小さじ1
　こしょう　少々

白菜　2枚(200g)

長ねぎ　½本(50g)

鶏もも肉　小1枚(200g)

下味[酒大さじ1、塩少々]

しょうがの薄切り　1かけ分

① 干ししいたけは水2カップで戻し(P18参照)、汁気を軽く絞って軸を除く。戻し汁2カップ(足りないときは水を足す)に、Ａを混ぜて蒸し汁を作る。

② 白菜の軸は一口大のそぎ切りに、葉はざく切りにする。長ねぎは3cm長さに切る。

③ 鶏肉は余分な脂を除き、一口大のそぎ切りにし、下味の調味料をからめる。

④ 耐熱の器に②、③、しょうが、しいたけの順に等分に入れ、蒸し汁を注ぐ。蒸気の上がった蒸し器に入れ、強火で20〜25分蒸す。

きくらげ

ほかにはない
歯ごたえが魅力のきのこ

〝くらげ〟ではなく、きのこの仲間。食感がくらげに似ていることから〝木くらげ〟と呼ばれるように。しいたけのように、だしは取れませんが、ほかにはないコリコリ、プリプリの歯ごたえがあります。この歯ごたえがアクセントになって料理の仕上がりがワンランクアップします。ふっくらとなるまでたっぷりの水につけて戻します。

戻し方

さっと洗い、たっぷりの水に30～40分つけてふっくらと戻す(写真)。水の中でもみ洗いして汚れを落とし、あれば石づきを除く。

●戻すと重さは6～7倍に

きくらげと卵の炒めもの

材料(2人分)

きくらげ　12g
長ねぎ　1本
豚肉(こま切れ)　100g
下味[酒小さじ1、塩少々]
卵　3個
しょうが、にんにくのみじん切り　各小さじ½
A しょうゆ、酒　各大さじ1
　砂糖　小さじ½
　こしょう　少々
・サラダ油、ごま油

① きくらげは戻し(下記参照)、食べやすい大きさに切る。長ねぎは斜め5㎜幅に切る。豚肉は一口大に切り、下味の調味料をもみ込む。
② 卵は溶きほぐす。フライパンにサラダ油大さじ1を強めの中火で熱し、溶き卵を入れて大きく混ぜ、半熟状になったら取り出す。
③ フライパンを拭いてサラダ油大さじ1を熱し、豚肉を炒める。肉の色が変わったらしょうが、にんにくを炒め、長ねぎ、きくらげも炒める。Aを混ぜ合わせて加え、②を戻してさっと炒め、ごま油小さじ1をかける。

乾物メモ

計量スプーンではかるなら：きくらげは大さじ1＝3gです。

きくらげと卵の炒めもの

中華の定番料理、木須肉(ムースーロー)。シンプルですが飽きないおいしさ

酸辣湯《サンラータン》

定番の中華スープは、香味だれで好みの酸っぱさ、辛さに加減します

材料(2人分)

きくらげ　3g
鶏ささ身　1本
下味[酒小さじ1、しょうゆ小さじ½]
絹ごし豆腐　¼丁(75g)
卵　1個
A 酒　大さじ1、しょうゆ　大さじ½、
　塩　小さじ½、こしょう　少々
水溶き片栗粉[片栗粉大さじ1＋水大さじ2]
香味だれ[黒酢、長ねぎのみじん切り　各大さじ1、しょうがのみじん切り　大さじ½、ラー油　小さじ1、ごま油　少々]

① きくらげは戻し(P24参照)、細切りにする。ささ身は細切りにし、下味の調味料をからめる。豆腐は細切りにする。卵は溶きほぐす。

② 鍋に水2カップを煮立て、ささ身をほぐし入れ、きくらげを加え、再び煮立ったらアクを除く。

③ Aで味を調え、水溶き片栗粉でとろみをつける。煮立ったら、溶き卵を流し入れ、ひと混ぜし、豆腐を加える。再び煮立ったら火を止めて、器に盛る。香味だれを添え、好みでかけて食べる。

きくらげとゆで卵のサラダ

ゆで卵ときくらげの組み合わせが絶妙です。きくらげはさっとゆでます

材料(2人分)

きくらげ　9ｇ

サニーレタス　2～3枚(60ｇ)

玉ねぎ　小¼個(30ｇ)

ゆで卵　2個

A しょうゆ　大さじ1

酢　大さじ⅔

塩、こしょう　各少々

ごま油　大さじ½

① きくらげは戻し(P24参照)、食べやすい大きさに切る。水からゆでて沸騰したらザルに上げ、冷まして水気を絞る。

② サニーレタスは食べやすい大きさにちぎり、玉ねぎは縦薄切りにする。それぞれ水に2～3分つけてパリッとさせ、水気をきる。ゆで卵は縦4等分に切る。

③ 器に①、②を盛り、ボウルにAを順に入れて混ぜ合わせたドレッシングをかける。

きくらげと大根のごま酢あえ

さっとゆでればあえものにも。大根のほかにきゅうりやゆでた青菜でも

材料(2人分)

きくらげ　9g

大根　200g

A 白すりごま　大さじ1½

酢　大さじ1

砂糖、しょうゆ、水　各大さじ½

① きくらげは戻し(P24参照)、水からゆでて沸騰したらザルに上げて冷ます。水気を絞り、細切りにする。

② 大根は皮をむき、4cm長さの細切りにし、塩一つまみ(分量外)をふって5分ほどおき、水気を絞る。

③ ボウルにAを入れて混ぜ、①、②を加えてあえる。

きくらげのしょうゆ炒め

しょうがの香りでご飯がすすみます。副菜に困ったときに役立つ1品

材料(2人分)

きくらげ　12g

長ねぎ　½本(50g)

しょうがのせん切り　1かけ分

A 酒、しょうゆ　各大さじ1

・サラダ油

① きくらげは戻す(P24参照)。長ねぎは斜め5mm幅に切る。

② フライパンにサラダ油大さじ1を熱し、しょうがを炒め、香りが出たらきくらげを炒める。全体に油がまわったら長ねぎを炒め、しんなりしたらAを加えて炒め合わせる。

かんぴょう

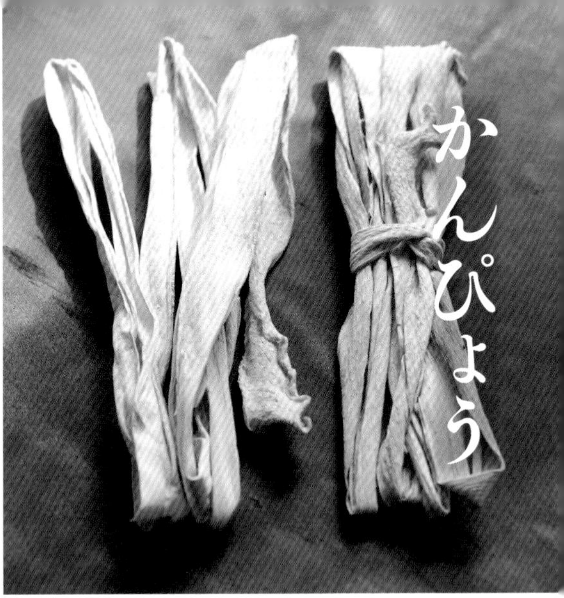

クセがないので幅広い料理に使えます

ウリ科の植物、ゆうがおの実（〝ふくべ〟と呼ばれる）が原料で、果肉を薄く切って乾燥させたもの。甘みがあり、なんともいえないやわらかい食感が特徴です。塩をふってよくもむと、やわらかく戻ります。煮もののほかに、洋風に使ってもおいしく、幅広く使えます。8月ごろに新ものが出回るので、その前に使いきります。

かんぴょうのみそ汁

材料(2人分)・作り方

かんぴょう10ｇは戻し(下記参照)、１cm幅に切る。鍋にだし汁２カップとともに入れて煮立てる。ふたをして弱火で２～３分煮、長ねぎ1/5本を斜め薄切りにして加え、ひと煮立ちさせてみそ大さじ２を溶き入れる。

戻し方

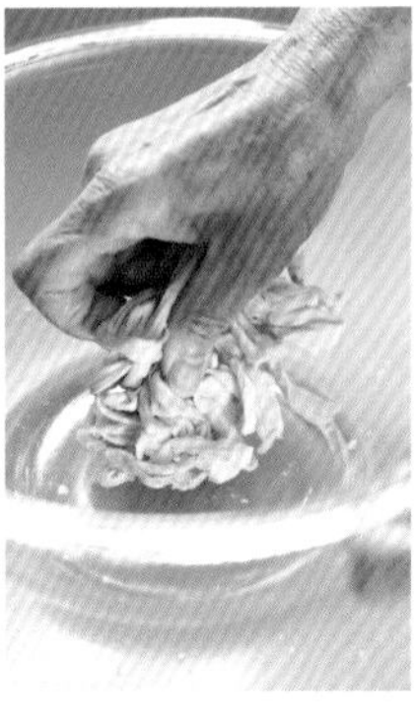

さっと洗って水に1分ほどつけてから、塩（約小さじ1/2）をふり、しんなりするまでよくもむ（写真）。塩を洗い流し、たっぷりの水とともに鍋に入れ（写真）、沸騰してからやわらかくなるまで3～5分ゆでる。

●戻すと重さは約４倍に

かんぴょうとちくわのおかか炒め

戻したかんぴょうは炒めても美味。ちくわと塩味の炒めものに

材料(2人分)

かんぴょう　20g
ちくわ　2本(70g)
酒　大さじ1
塩　小さじ¼
かつお節　1袋
・サラダ油

① かんぴょうは戻し(右ページ参照)、水気をしっかり絞り、3～4cm長さに切る。ちくわは斜め薄切りにする。

② フライパンにサラダ油大さじ½を熱し、かんぴょうを1分ほど炒める。ちくわを炒め、酒、塩をふって炒め合わせ、かつお節を加えてからめる(かんぴょうがかたい場合は、水少量を加えて炒め煮にするとよい)。

かんぴょうの甘煮

かんぴょうといえばこれ！　かんぴょう巻きや卵とじも簡単に作れます

材料(2人分)

かんぴょう　30g

A だし汁　2カップ

　酒、みりん、砂糖、しょうゆ

　　各大さじ2

① かんぴょうは戻し(P30参照)、水気をしっかり絞り、食べやすい長さに切る(細巻きにする場合は18cm長さに切るとよい)。

② 鍋にA、かんぴょうを入れて煮立てる。落としぶたをして、ときどき上下を返しながら、煮汁がほぼなくなるまで弱めの中火で30分ほど煮る。

「かんぴょうの甘煮」を使って

かんぴょうの細巻き

材料(4本分)・作り方

① 炊きたてのご飯1合分に酢大さじ1½、砂糖大さじ1、塩小さじ½を混ぜ合わせて加え、さっくりと混ぜて4等分し、粗熱を取る。

② かんぴょうの甘煮80ｇは汁気を絞る。焼きのり(全形)2枚は半分に切る。

③ 巻きすに焼きのりをのせ、向こう側を1cmほど残して①を均等に広げる。中央にかんぴょうの甘煮の¼量をのせ、巻きすの手前を持ち上げて巻く。同様にして4本作る。

かんぴょうの卵とじ

材料(2人分)・作り方

① かんぴょうの甘煮50ｇは3cm長さに切る。万能ねぎ2本は2cm長さに切る。卵2個は溶きほぐす。

② 小さめのフライパンにだし汁½カップ、酒、みりん各大さじ1、塩一つまみを煮立て、かんぴょうの甘煮を加える。再び煮立ったら弱めの中火にし、溶き卵を回し入れ、万能ねぎを散らす、ふたをして火を止め、卵が半熟状になるまで余熱で火を通す。

かんぴょうのグラタン

かんぴょうはクリーミーな味にも合い、グラタンにしてもおいしい

材料(2人分)

かんぴょう　20g
しめじ　1パック(100g)
ハム　2枚
小麦粉　大さじ1½
牛乳　1½カップ
A 塩　小さじ⅓
　こしょう　少々
ピザ用チーズ　25g
・バター

① かんぴょうは戻し(P30参照)、水気をしっかり絞り、3～4cm長さに切る。しめじは石づきを除き、小房に分ける。ハムは半分に切って縦1cm幅に切る。

② フライパンにバター20gを溶かし、しめじを弱めの中火で炒め、しんなりしたらかんぴょうとハムをさっと炒める。小麦粉をふり入れて炒め合わせ、粉っぽさがなくなったら牛乳を一気に加える。中火にして、混ぜながら煮立ててAで調味する。

③ 耐熱容器に②を等分に入れ、チーズをのせて220°Cに予熱したオーブンで15分ほど焼く。

かんぴょうの和風サラダ

シャキシャキの野菜と合わせてもよく合います。ドレッシングはコクのある練りごま入りで

材料(2人分)

かんぴょう　20g

レタス　2～3枚(80g)

赤玉ねぎ(または玉ねぎ)　¼個(40g)

[A] 白練りごま　大さじ1

酢、しょうゆ、砂糖、サラダ油、白すりごま　各大さじ½

塩　少々

① かんぴょうは戻し(P30参照)、水気をしっかり絞り、3～4cm長さに切る。

② レタスは細切りに、赤玉ねぎは縦薄切りにする。それぞれ水に2～3分つけてパリッとさせ、水気をきる。

③ ボウルに[A]の練りごまを入れ、酢としょうゆを少しずつ加えてのばす。なめらかになったら残りの[A]を混ぜ、①、②を加えてさっとあえる。

ひじき

洋風料理にも合う 栄養たっぷりの海藻

ひじきはホンダワラ科の海藻で、煮て、蒸らしてから乾燥させたもの。ひじきには枝分かれした芽の部分の〝芽ひじき〟と、長い茎の部分〝長ひじき〟がありますが、この本ではやわらかい芽ひじきを主に使っています。不足しがちな食物繊維やミネラルが豊富に含まれ、煮もの以外にもサラダなど幅広く使えます。

ひじきと押し麦のサラダ

材料(2人分)

芽ひじき　10g
押し麦　1袋(45g)
オイルサーディン　1缶(75g)
三つ葉　1袋(50g)
[A] しょうゆ　大さじ1
　酢　小さじ2
　塩、こしょう　各少々
　オリーブ油　大さじ2

① ひじきは戻し(下記参照)、熱湯でさっとゆでてザルに上げ、水気をきる。
② 鍋に1ℓの湯を沸かし、押し麦を15〜20分ゆでる。ザルに上げて流水で洗い、水気をきる。オイルサーディンは汁気をきり、大きいものは食べやすくほぐす。三つ葉は3cm長さに切る。
③ ボウルに[A]を順に入れて混ぜ合わせ、①、②を加えてあえる。

乾物メモ

押し麦：精白した大麦の外皮を除いて蒸し、ローラーで平らにしたもので、食物繊維やミネラルを多く含みます。サラダにはゆでて使います。

戻し方

ひじきはザルに入れてさっと洗い(写真)、たっぷりの水に30〜40分つけてふっくらと戻す。ザルに上げて流水で洗い、ザルの下からもペーパータオルを当ててしっかり水気をきる。

●戻すと重さは約10倍に

ひじきと押し麦のサラダ

注目の押し麦と合わせてサラダに。しょうゆドレッシングがぴったりです

ひじきと油揚げの煮もの

ほっとする定番おそうざい。煮汁がなくなるまで煮て味を含ませます

材料(2人分)

芽ひじき　30g
油揚げ　1枚
にんじん　⅓本(50g)
[A] 酒、みりん、しょうゆ　各大さじ2
　砂糖　大さじ½
・サラダ油

① ひじきは戻す(P36参照)。
② 油揚げは熱湯にさっとくぐらせて油抜きをし、粗熱を取る。水気を軽く絞り、縦半分に切って横に細く切る。にんじんは4cm長さの細切りにする。
③ フライパンにサラダ油大さじ1を熱し、にんじんをさっと炒め、ひじき、油揚げも加えて炒める。油がまわったら[A]を順に加え、煮汁がほぼなくなるまで混ぜながら煮る。

「ひじきと油揚げの煮もの」を使って

ひじきご飯

材料(2人分)・作り方

① 小松菜1株は熱湯に塩少々を入れてゆで、ザルに上げて粗熱を取る。細かく刻み、水気をしっかり絞る。
② 炊きたてのご飯1合分にひじきと油揚げの煮もの50g、①を混ぜ、味を見て足りないときは塩少々で調味する。

ひじき入り卵焼き

ひじきを加えて厚焼き卵に。ぷちぷちとした食感がアクセントに

材料(2人分)

芽ひじき　5g

卵　3個

A 酒　大さじ½

砂糖　大さじ1

しょうゆ　小さじ½

塩　少々

大根おろし　適量

しょうゆ　少々

・サラダ油

① ひじきは戻す(P36参照)。ボウルに卵を溶きほぐし、Aを順に加えて混ぜ、最後にひじきを混ぜる。

② 卵焼き器をよく熱し、サラダ油を多めに入れ、ペーパータオルで拭いて薄くなじませる。①を混ぜてお玉1杯ほどを流し入れ、広げて焼き、ふくらんできたら菜箸でつついて空気を逃がす。奥から手前に巻き、空いた部分にサラダ油を薄く塗り、卵焼きを奥に移動させ、再び卵液を流し入れ、同様にして焼く。

③ 食べやすく切って器に盛り、大根おろしを添えてしょうゆをかける。

ひきじとツナの塩炒め

アスパラガスとの炒めもの。ツナのうまみが生きるように塩味で

材料(2人分)

芽ひじき　20g

グリーンアスパラガス　3～4本(100g)

ツナ缶　小1缶(70g)

Ⓐ塩　小さじ½

　こしょう　少々

・オリーブ油

① ひじきは戻す(P36参照)。

② アスパラガスは根元を少し切り落とし、下5cmほどの皮をむいて斜め1cm幅に切る。ツナは汁気をきる。

③ フライパンにオリーブ油大さじ1を熱し、アスパラガスをさっと炒め、ひじきを加えて2～3分炒める。ツナを加え、Ⓐをふり、味がなじむまで炒める。

ひじきのひりょうず

“ひりょうず”はかんもどきのこと。つぶした豆腐にひじきを混ぜて揚げます

材料(6個分)
芽ひじき　10g
木綿豆腐　1丁(300g)
Ａ 片栗粉　大さじ1
　塩　小さじ⅓
鶏ひき肉　50g
しょうゆ、練り辛子　各適宜
・揚げ油

① ひじきは戻す(P36参照)。
② 豆腐は厚みを半分に切ってペーパータオルで包み、重しをして30分ほどおき、水気をきる(写真a)。
③ ボウルに②を入れてつぶし、Ａをふって混ぜる。ひき肉と①を加えてよく混ぜ(写真b)、6等分して丸く平たく成形する(写真c)。
④ 揚げ油を180℃に熱し、③を入れる。表面が固まってきたら、上下を返しながら7分ほどかけてカリッとするまで揚げる。器に盛り、しょうゆと練り辛子を添える。

a 豆腐はペーパータオルで包んで重しをして水気をきり、２５０ｇにする。

b 豆腐になじませながら、ひき肉、ひじきを均一に混ぜる。

c ひじきが飛び出さないように、表面をなめらかに仕上げる。

ひじきチャーハン

ひじきがカサ増しになって満足感がアップします

材料(2人分)

芽ひじき　8ｇ

たくあん　50ｇ

万能ねぎ　½束(50ｇ)

ご飯(温かいもの)　1合分

Ａ 酒　大さじ1

　しょうゆ　大さじ½

Ｂ 塩　小さじ⅓

　こしょう　少々

白炒りごま　大さじ1

・サラダ油

① ひじきは戻す(P36参照)。

② たくあんは5㎜角に、万能ねぎは小口切りにする。

③ フライパンにサラダ油大さじ1を熱し、①を炒める。油がまわったらご飯をほぐしながら炒める。たくあんを加えてひと炒めし、Ａを鍋肌から回し入れて香りを出し、Ｂで調味する。万能ねぎとごまを加え、さっと炒め合わせる。

長ひじきのたらこパスタ

パスタにからみやすく、食べごたえのある長ひじきで

材料(2人分)

長ひじき　15g

たらこ　1腹(70g)

スパゲッティ(1.6㎜)　100g

・オリーブ油

乾物メモ

長ひじき：ひじきの長い茎の部分で、戻し方は芽ひじきと同じです。

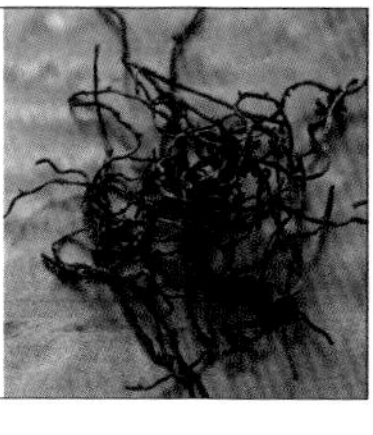

① 長ひじきは戻す(P36参照)。

② たらこは薄皮を除く。

③ 鍋に湯1ℓを沸かし、塩小さじ1(分量外)を入れ、スパゲッティを表示通りにゆでる。ゆで上がる1分前にゆで汁¼カップを取りおき、①を加えて一緒にゆでる。

④ ザルに上げて湯をきり、ボウルに入れる。オリーブ油大さじ2、②、ゆで汁を加えてあえる。

干しわかめ

扱いも簡単で、何より香りが違います

干しわかめは、わかめを乾燥させたものです。最近は、塩蔵わかめが主流になっていますが、乾燥させると何より香りが高く、色鮮やかで、わかめのおいしさが味わえます。長いもの、カットわかめともに水につけて戻すと10倍以上になり、カサが出るので戻す量に注意を。食物繊維やミネラルを多く含みます。

わかめと豚肉の甘辛炒め

材料(2人分)

干しわかめ　10g
万能ねぎ　1束(100g)
豚肉(こま切れ)　150g
A 酒、砂糖、しょうゆ
　各大さじ1½
・サラダ油

① 干しわかめは戻し(下記参照)、水気を絞って食べやすく切る。
② 万能ねぎは4cm長さに切る。
③ フライパンにサラダ油大さじ½を熱し、豚肉をほぐしながら炒める。肉の色が変わったら強めの中火にして、①をざっと炒める。Aを混ぜ合わせて加え、②も加えて汁気をとばすように炒め合わせる。

戻し方

たっぷりの水に3〜5分つけて戻す(写真)。

水洗いして、水気を絞る(写真)。

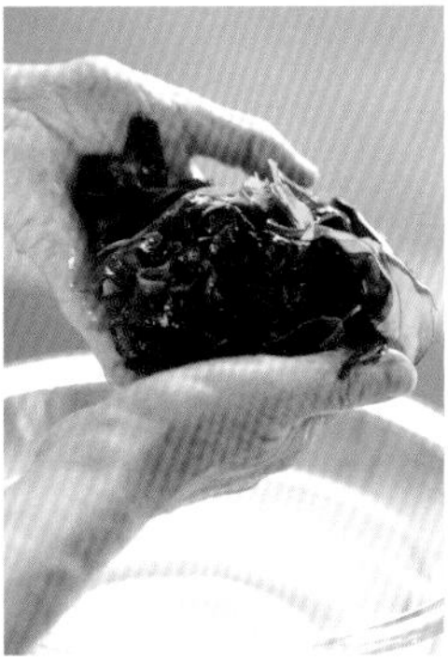

●戻すと重さは10〜12倍に

わかめと豚肉の甘辛炒め

干しわかめは炒めてもベタッとならず、歯ごたえが残ります

わかめとせん切りじゃがいもの酢のもの

じゃがいもはシャキッとした食感が残るようにさっとゆでます

材料(2人分)

干しわかめ　5g
じゃがいも　1個
A しょうゆ、酢、水　各大さじ1
　砂糖　小さじ1

① 干しわかめは戻し(P46参照)、熱湯にさっと通し、引き上げる。流水をかけて粗熱を取り、水気を絞って食べやすく切る。
② じゃがいもはできるだけ細くせん切りにし、水にさらす。①の熱湯に水気をきったじゃがいもを入れてひと混ぜし、すぐにザルに上げて流水で冷まし、水気を軽く絞る。
③ ボウルにAを合わせ、①、②を加えてあえる。

わかめとかにかまのサラダ

玉ねぎをたっぷりと混ぜて、フレッシュな香りと歯ごたえをプラスして

材料(2人分)

干しわかめ　5g

玉ねぎ　小½個(80g)

かに風味かまぼこ　3本(50g)

A しょうゆ　大さじ1

酢　大さじ½

砂糖　小さじ½

塩　少々

ごま油　大さじ½

① 干しわかめは戻し(P46参照)、熱湯にさっと通し、引き上げる。流水をかけて粗熱を取り、水気を絞って食べやすく切る。

② 玉ねぎは縦薄切りにし、水に2～3分つけてパリッとさせ、水気をきる。かにかまぼこはほぐす。

③ ①、②を合わせて器に盛り、ボウルにAを順に入れて混ぜ合わせたドレッシングをかける。

温奴 わかめあんかけ

豆腐は電子レンジで温め、わかめ入りのあんをたっぷりとかけます

材料(2人分)

干しわかめ　3g

えのきたけ　½パック(50g)

[A] だし汁　⅔カップ

　酒　大さじ½

　しょうゆ　小さじ1

　塩　小さじ¼

水溶き片栗粉

　片栗粉大さじ1＋水大さじ2

絹ごし豆腐　1丁(300g)

おろししょうが　少々

① 干しわかめは戻し(P46参照)、水気を絞って、細かく刻む。えのきたけは根元を落とし、1cm長さに切る。

② 鍋に[A]を煮立て、えのきたけを加えてひと煮立ちさせる。水溶き片栗粉でとろみをつけ、わかめを加えてさっと煮る。

③ 豆腐は半分に切って耐熱皿にのせ、ふんわりとラップをして電子レンジに3分かけて温める。器に盛り、②のあんをかけてしょうがを添える。

韓国風わかめスープ

牛肉のうまみが効いたスープ！　わかめは火を通しすぎないように

材料(2人分)

干しわかめ　3g

牛肉(切り落とし)　50g

長ねぎ　1/5本(20g)

A にんにくのすりおろし　少々

赤唐辛子の小口切り　1/2本分

B 酒　大さじ1

塩　小さじ1/2

こしょう　少々

・ごま油

① 干しわかめは戻し(P46参照)、水気を絞って、食べやすく切る。牛肉は細かく刻む。長ねぎは小口切りにする。

② 鍋にごま油大さじ1/2を熱し、A、牛肉を炒め、肉の色が変わったら水2カップを加える。煮立ったらアクを除き、Bで調味し、わかめと長ねぎを加え、ひと煮立ちさせる。

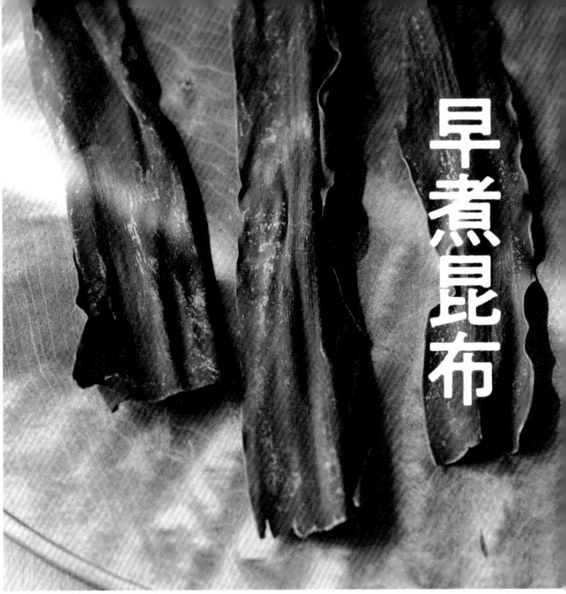

早煮昆布

食物繊維たっぷりで食べてよし、だしによし

昆布は日高や利尻など、産地の名がついたものが知られています。これは主にだしを取るためのもので、だし昆布と呼ばれます。早煮昆布はこのだし昆布を蒸すか、煮るかして乾燥させた加工品。昆布をおかずにして食べるなら、値段が手ごろな早煮昆布がおすすめです。できるだけ食べごたえがある、肉厚なものを選んで。

昆布と塩鮭の煮もの

材料（作りやすい分量）

早煮昆布　30g
甘塩鮭　2切れ（180g）
A 酒　大さじ3
　酢　大さじ½
B 砂糖　大さじ3
　みりん　大さじ1½
　しょうゆ　大さじ1

① 昆布は2カップの水で戻し（下記参照）、2〜3cm大に切る。戻し汁は取りおき、2カップを準備する（足りないときは水を足す）。鮭はあれば骨を取り除き、一口大に切る。
② 鍋に昆布と戻し汁を煮立て、鮭、Aを加え、落としぶたをして弱めの中火で5分ほど煮る。
③ Bで調味し、煮汁が少なくなるまで20分ほど煮る。落としぶたを外し、煮汁がほぼなくなるまで10分ほど煮詰める。火を止めて、冷ましながら味を含ませる。

戻し方
さっと洗い、料理に合わせた分量の水に30分ほどつけて戻す（写真）。戻し汁は取りおく。

● 戻すと重さは2〜3倍に

昆布と塩鮭の煮もの

昆布巻きの組み合わせですが、巻かずにそのまま煮ものにしました

ひき肉の昆布巻き

昆布に肉だねをのせて巻き、ごぼうとにんじんで香りをプラス

材料(2人分)

早煮昆布　2枚(15g)

ごぼう、にんじん　各40g

[A] 鶏ひき肉　150g

片栗粉　大さじ1½

酒　大さじ1

塩　一つまみ

[B] 酒　大さじ2

みりん、砂糖、しょうゆ　各大さじ1

① 昆布は2カップの水で戻し(P52参照)、戻し汁は1½カップを取りおく。

② ごぼうは戻した昆布の幅に切って5㎜角の棒状に切り、水に5分ほどさらして水気をきる。にんじんも同様に切る。

③ ボウルに[A]を入れ、よく練り混ぜて肉だねを作る。

④ 昆布1枚を縦長におき、上面に片栗粉(分量外)をふり、③の半量(そのうち少量を残す)をのせ、手前2cm、向こう側5cmほどを残して広げる。②の半量を手前に並べ(写真a)、上に残した肉だねをのせてのばし、野菜を覆う(写真b)。手前を持ち上げて巻き(写真c)、巻き終わりを下にしておき、たこ糸を2～3か所巻いて縛る。同様にしてもう1本作る。

⑤ 鍋に戻し汁、[B]を煮立て、④の巻き終わりを下にして入れる。落としぶたをして、ときどき返しながら煮汁がほぼなくなるまで、弱めの中火で30分ほど煮る。たこ糸を外し、食べやすく切って器に盛る。

a 昆布の手前と向こう側を空けて肉だねをのばし、ごぼう、にんじんをのせる。

b ごぼう、にんじんが見えなくなるように、残した肉だねで覆う。

c 昆布の手前からくるくると巻き、巻き終わりを下にしておく。

結び昆布のおでん

大根と昆布を煮てうまみを移してから、昆布は切って結び昆布に

材料(2人分)

大根　800g

さつま揚げ(ボール)　6個(130g)

ゆで卵　2個

早煮昆布　15g

A 酒　大さじ3

　しょうゆ、みりん　各大さじ1

　塩　小さじ½

① 大根は3cm厚さに切って皮をむき、大きいものは半分に切る。さつま揚げは熱湯をかけ、油抜きをする。ゆで卵は殻をむく。

② 鍋に水4カップと昆布、大根を入れ、ふたをして煮る。煮立ったらアクを除き、弱火で40〜50分煮る。途中10分ほど煮たら昆布は取り出し、縦1cm幅に切り、ひと結びする。

③ 大根に竹串が通るようになったらAで調味し、さつま揚げを加えて10分煮る。結び昆布とゆで卵を加え、さらに10分ほど煮る。ゆで卵は半分に切り、器に盛る。好みで練り辛子を添える。

糸昆布とれんこんのあえもの

昆布の加工品でもう1品。糸昆布は洗うだけでOKです

材料(2人分)

糸昆布　10g

れんこん　1節(150g)

A 酢、砂糖、白すりごま　各大さじ1

しょうゆ　小さじ1

水　大さじ2

① 糸昆布は水でさっと洗い、水気をきってざく切りにする。

② れんこんは皮をむいて薄いいちょう切りにし、ざっと水で洗う。熱湯に塩、酢各少々(分量外)を加えてれんこんをさっとゆで、ザルに上げて粗熱を取る。

③ ボウルにAを入れて混ぜ、①、②を加えてあえる。

乾物メモ

糸昆布：切り昆布、刻み昆布とも呼ばれ、干した昆布を塩水や酢水につけてから細切りにし、乾燥させたもの。煮ものや野菜炒めにしてもおいしい。

COLUMN 2

残った乾物は佃煮に

かなりの期間保存ができる乾物ですが、開封したものはやはり早めに食べきります。中途半端に残ったものは佃煮にしておけば、最高のご飯のお供に。単品でもできますが、2種類を合わせるとボリュームが出るのでおすすめです。自分で作ると調味料の量が調整できて減塩にもなります。お茶漬けにしてもよく、お弁当にちょっと添えるのもいいです。

ひじき×大豆

しいたけ×昆布

ひじき×大豆

材料(作りやすい分量)

ひじき　20g

大豆(ゆでたもの・P76参照)　100g

[A] 酒　¼カップ

しょうゆ　大さじ2

砂糖、みりん　各大さじ1½

① ひじきは戻す(P36参照)。

② 鍋にひじきと大豆を入れ、水¼カップを加えて火にかける。煮立ったら[A]を加え、落としぶたをして、ときどき上下を返しながら、煮汁が少なくなるまで弱めの中火で15分ほど煮る。

＊保存は冷蔵庫で。約2週間保存できる。

しいたけ×昆布

材料(作りやすい分量)

干ししいたけ　4枚(20g)

早煮昆布　20g

酒　大さじ3

酢　大さじ½

[A] 砂糖　大さじ2

しょうゆ、みりん　各大さじ1½

だしを取っただし昆布を冷凍保存しておき、量がたまったら早煮昆布の代わりに使っても。解凍して、同様に切って作ります。

① 干ししいたけは水1カップで戻し(P18参照)、汁気を軽く絞り、軸を除いて薄切りにする。昆布は水1カップで戻し(P52参照)、2cm角に切る。ともに戻し汁は取りおく。

② 鍋にしいたけと昆布、酒を入れ、戻し汁を加えて火にかける。煮立ったら酢を加え、落としぶたをして弱めの中火で10分ほど煮る。

③ [A]を加え、再び落しぶたをして煮汁がほぼなくなるまで15〜20分煮る。

＊保存は冷蔵庫で。約2週間保存できる。

干しえび

えびのうまみが凝縮した極上のだし素材

小型のえびの殻をむき、塩ゆでして乾燥させたもの。中国をはじめ東南アジアで、よいだしが出る素材として多く利用されています。丸ごと使うなら水につけてやわらかく戻し、うまみが出た戻し汁も一緒に使います。また、戻さずにさっと洗うだけで刻んで使っても。買い求めるときは、色つやがよいものを選びます。

戻し方

水でさっと洗い、料理に合わせた分量の水に10分ほどつけて戻す（写真）。戻し汁は取りおく。

●戻すと重さは約2倍

干しえびと白菜の炒め煮

材料（2人分）

干しえび　15g

白菜　1/6個（400g）

Ⓐ酒　大さじ2

　塩　小さじ1/2

　こしょう　少々

・サラダ油

① 干しえびは水1カップで戻し（下記参照）、戻し汁は取りおく。

② 白菜は縦半分にし、軸は一口大のそぎ切り、葉はざく切りにする。

③ フライパンにサラダ油大さじ1を弱火で熱して干しえびを炒め、香りが出たら白菜の軸を中火で1分ほど炒める。白菜の葉を2分ほど炒め、①の戻し汁全量、Ⓐを加える（下写真）。煮立ったら落としぶたをして、やわらかくなるまで弱めの中火で10分ほど煮る。

干しえびの戻し汁の全量と調味料を加えて煮る。

乾物メモ

軽量スプーンではかるなら：干しえびは大さじ1＝5gです。

干しえびと白菜の炒め煮

具材は白菜だけ。干しえびをたっぷり使ってうまみを味わいます

干しえびといんげんのザーサイ炒め

干しえびは戻さずに使い、炒めながらうまみをいんげんにからめます

材料(2人分)

干しえび　10g

さやいんげん　200g

ザーサイ(味つき)　20g

しょうがのみじん切り　小さじ1

豚ひき肉　100g

豆板醤《トウバンジャン》　小さじ½

長ねぎのみじん切り　大さじ2

Ⓐ酒　大さじ1、しょうゆ　大さじ½、砂糖　小さじ½、こしょう　少々、ごま油　小さじ1

・サラダ油

① 干しえびはさっと洗い、みじん切りにする。

② さやいんげんはヘタを落とし、斜め3等分に切る。ザーサイはみじん切りにする。

③ フライパンにサラダ油大さじ1を熱し、①、しょうがを炒め、香りが出たらひき肉をほぐしながら炒める。肉の色が変わったら豆板醤を炒め、香りが出たらさやいんげん、水大さじ2の順に加える。ふたをしてときどき混ぜながら、2～3分蒸し炒めにする。

④ ザーサイ、長ねぎを加えてさっと炒め、Ⓐを混ぜ合わせて加え、炒め合わせる。

干しえびともやしのあえもの

干しえびを香ばしく炒めてからもやしとあえて

材料(2人分)

干しえび　15g

もやし　1袋(200g)

A 塩　小さじ$\frac{1}{3}$

　こしょう　少々

・ごま油

① 干しえびはさっと洗い、みじん切りにする。

② もやしはできればひげ根を取り、耐熱ボウルに入れ、ふんわりとラップをして電子レンジに3分かける。粗熱を取って水気をきる。

③ フライパンにごま油大さじ1を熱し、①を炒める。香りが出たら②に加え、Aも加えてあえる。

桜えび

独特の香ばしさで、料理がひと味アップ

干しえびの一種ですが、静岡県の駿河湾、相模湾の一部でとれる体長4cm前後の生の桜えびを殻ごと乾燥させたもの。名前にもあるように桜色が鮮やか。独特の香ばしい香りと味はほかのものにはないおいしさで、桜えびを生かした料理に使います。殻ごと食べるので、カルシウム補給の強い味方です。

戻し方
戻さずに使います。

タイ風卵焼き

材料(2人分)

卵　3個

赤玉ねぎ(または玉ねぎ)　1/4個(50g)

ピーマン(赤)　1個

香菜《シャンツァイ》　1株

A 赤唐辛子のみじん切り　1/2本分
　にんにくのみじん切り　小さじ1/2

豚ひき肉　100g

桜えび　6g

B 酒　大さじ1
　ナンプラー　小さじ2
　こしょう　少々

・サラダ油

① 卵はほぐし、塩少々(分量外)を混ぜる。赤玉ねぎは縦薄切りにし、ピーマンはヘタと種を除いて縦細切りにする。香菜は3cm長さに切って茎と葉に分け、根はみじん切りにする。
② フライパンにサラダ油大さじ1を熱し、Aを弱火で炒め、香りが出たら中火でひき肉を炒める。肉の色が変わったら赤玉ねぎ、ピーマンをさっと炒め、桜えび、香菜の茎と根、Bを炒める。
③ サラダ油大さじ1/2を足してなじませ、卵液を加えて混ぜ、弱めの中火で3分焼く。裏返して縁からサラダ油大さじ1/2を回し入れ、1分ほど焼く。4等分に切って器に盛り、香菜の葉を添え、好みでスイートチリソースをかけて食べる。

タイ風卵焼き

桜えびと香菜を合わせると一気に香り豊かな卵焼きに

細切り大根のチヂミ

桜えびでより香ばしいチヂミに。大根の水気をよく絞るのがポイント

材料(2人分)

大根　300ｇ

豚バラ薄切り肉　50ｇ

下味[酒、しょうゆ　各小さじ½]

桜えび　６ｇ

小麦粉　大さじ３

Ａ しょうゆ、酢　各大さじ½

・ごま油

ムラなくこんがりと焼けるように、できるだけ平らにならす。

① 大根は皮をむき、３㎜厚さの輪切りにして細切りにし、塩小さじ⅓(分量外)をふって10分ほどおく。豚肉は１～２cm幅に切り、下味の調味料をもみ込む。

② 大根の水気をしっかり絞ってボウルに入れ、豚肉、桜えびを混ぜ、小麦粉をふり入れてさっくりと混ぜる。

③ フライパンにごま油大さじ１を熱し、②を入れて平らに広げ(左写真)、オーブンシートをかぶせ、落としぶたをして弱めの中火で３～４分焼く。焼き色がついたら裏返して、縁からごま油小さじ１を回し入れ、こんがりとするまで３～４分焼く。食べやすい大きさに切って器に盛り、Ａを混ぜ合わせて添える。

桜えびと春菊のかき揚げ

シンプルなかき揚げが、桜えびでとびきりの味わいに

材料(2人分)

[A] 水　½カップ
　小麦粉　½カップ強(60ｇ)

春菊　100ｇ

桜えび　8ｇ

小麦粉　大さじ1

・揚げ油

① ボウルに[A]の水を入れ、小麦粉を加えて軽く混ぜて衣を作る。

② 春菊は3～4cm長さに切り、太い茎の部分は縦薄切りにする。ボウルに桜えびとともに入れ、小麦粉をふってまぶし、①を加えてさっくりと混ぜる。

③ フライパンに揚げ油を2cm深さに入れ、160℃に熱して②を⅛量ずつスプーンですくって入れる。衣がカリッとするまで3分ほど揚げる。器に盛り、塩少々(分量外)をつけて食べる。

ちりめんじゃこ

手軽にたっぷり使って カルシウム補給に

いわしの稚魚を塩水でゆでて乾燥させたもの。〝しらす干し〟との違いは乾燥度で、ちりめんじゃこはいわしの稚魚の加工品の中で、最も乾燥したものです。乾燥度が高いため日持ちがよく、うまみが凝縮しています。それでも40%ほどの水分を含むため、保存は冷蔵庫で。魚を丸ごと食べるのでカルシウムがたっぷり摂れます。

戻し方
戻さずに使います。

ピーマンのじゃこきんぴら

材料(2人分)

ピーマン　4個
[A] 酒、みりん、しょうゆ　各大さじ½
　砂糖　小さじ½
ちりめんじゃこ　10g
・サラダ油

① ピーマンは縦半分に切ってヘタと種を取り除き、縦7〜8㎜幅に切る。
② フライパンにサラダ油大さじ½を熱し、①を3分ほど炒める。しんなりしたら[A]を混ぜ合わせて加え、ちりめんじゃこも加えて汁気をとばすように炒める。

乾物メモ

計量スプーンではかるなら：ちりめんじゃこは大さじ1＝5gです。

ピーマンのじゃこきんぴら

食べ飽きない定番おそうざい。ピーマンがたっぷり食べられます

カリカリじゃこと枝豆のご飯

じゃこを炒めてトッピング。カリカリ感がクセになるおいしさ

材料(2人分)

ちりめんじゃこ　20g

枝豆(さやつき)　120g

ご飯(炊きたて)　1合分

塩　少々

・サラダ油

ちりめんじゃこが香ばしくなり、薄く色づくまで炒める。

① 小さめのフライパンにサラダ油大さじ2とちりめんじゃこを入れ、カリッとなるまで弱めの中火で炒め(左写真)、ペーパータオルに取って油をきる。

② 枝豆は熱湯に塩少々(分量外)を入れてゆで、粗熱を取ってさやから出す。

③ ご飯に枝豆、塩を加え、さっくりと混ぜる。器に盛り、①をのせる。

カリカリじゃことなすの中華サラダ

やわらかいなすとカリカリのじゃこの食感の違いがたまらない

材料(2人分)

ちりめんじゃこ　20g
セロリ　⅓本(50g)
セロリの葉　少々
なす　4本
A しょうゆ　大さじ1
酢　小さじ2
ごま油　小さじ1
赤唐辛子の小口切り　½本分
・サラダ油、揚げ油

① 小さめのフライパンにサラダ油大さじ2とちりめんじゃこを入れ、カリッとなるまで弱めの中火で炒め、ペーパータオルに取って油をきる。
② セロリは4cm長さに縦薄切りにし、葉はせん切りにする。水に3分ほどさらし、水気をきる。
③ なすはヘタを落とし、2cm厚さの輪切りにする。180°Cの揚げ油で色よくなるまで3分ほど揚げる。器に盛り、②、①をのせ、Aを混ぜ合わせてかける。

かぶとじゃこのさっと煮

ちりめんじゃこをだし素材として使ったさっぱり煮もの

材料(2人分)

かぶ　3個

かぶの葉　50g

A 水　⅔カップ

酒、みりん　各大さじ1

しょうゆ　大さじ½

塩　小さじ⅓

ちりめんじゃこ　10g

① かぶは茎を2cm残して葉と切り分け、縦半分に切る。流水で根元の汚れを落とし、皮つきのまま縦1cm幅に切る。葉は4cm長さに切る。

② 鍋にAを煮立て、かぶを加えてちりめんじゃこを散らし、落としぶたをして弱めの中火で3～4分煮る。かぶがやわらかくなったらかぶの葉を加え、さらに2～3分煮る。

キャベツとじゃこのパスタ

ちりめんじゃこは最後に加え、カリカリ感を残します

材料(2人分)

キャベツ　¼個(300ｇ)

スパゲッティ(1.6㎜)　160ｇ

Ａ にんにくのみじん切り　1かけ分

　赤唐辛子(種を除く)　1本

ちりめんじゃこ　20ｇ

粗びき黒こしょう　少々

・オリーブ油

① キャベツは軸を切り取って葉は一口大に切り、軸は斜め薄切りにする。

② 鍋に湯1.5ℓを沸かし、塩小さじ1½(分量外)を加えてスパゲッティを表示通りにゆで、ゆで上がる2～3分前に①の軸、葉の順に加えてゆでる。ゆで汁½カップほどを取りおく。

③ スパゲッティをゆで始めたらフライパンにオリーブ油大さじ3、Ａを入れて弱火で炒め、香りが出たら火を止める。②がゆで上がったらフライパンを再び火にかけ、湯をきった②、ちりめんじゃこを加え、様子を見てゆで汁を加えて手早く炒め合わせる。器に盛り、粗びき黒こしょうをふる。

じゃこと豆腐のサラダ

ざっくり崩した豆腐はじゃこの塩気で甘みが引き立ちます

材料(2人分)

木綿豆腐　½丁(150g)

春菊　75g

[A] ちりめんじゃこ　10g

塩　小さじ⅓

ごま油　小さじ1

① 豆腐は厚みを半分にし、ペーパータオルに包んで15分ほどおいて水気をきる。

② 春菊は3cm長さに切り、太い茎は縦薄切りにする。

③ ボウルに②を入れ、①を手でちぎりながら加えてざっくりと混ぜ、[A]を加えて混ぜ合わせる。

ちりめん山椒

実山椒が出回るときにぜひ作りたい1品

材料(作りやすい分量)

ちりめんじゃこ　50g

[A] 酒　¼カップ
　みりん、しょうゆ　各大さじ⅔

実山椒(ゆでたもの)　大さじ1½

① ちりめんじゃこは水でさっと洗い、ザルに上げる。

② 小鍋に[A]を煮立て、①を加えて弱火で3分ほど煮る。煮汁が¼量ほどになったら実山椒を加え、煮汁がなくなるまで4～5分煮る。

＊保存は冷蔵庫で。約1週間保存できる。

乾物メモ

実山椒：ちりめん山椒に欠かせない実山椒。出回る時期が限られるので、手に入ったらゆでて冷凍しておくとよい。1年間は保存可能で、いつでもちりめん山椒が楽しめる。

大豆

ゆでた豆の香り、甘みを楽しみます

おなじみの大豆も乾物の仲間。良質なたんぱく質を含みます。乾燥した豆は球形ですが、ゆでると俵形に。豆は水で戻し、さらにゆでて使います。ちょっと手間がかかるので、一度に1袋をゆでて残りは冷凍保存しておくのがおすすめです。ゆでたての大豆は、香りと甘みが断然違います。秋に収穫して新豆が出回りますから、それまでに使いきります。

ゆでたて大豆の青のりがらめ

材料(2人分)・作り方

ゆでたての大豆適量を器に盛り、青のり適量をふり、しょうゆ少々をかける。

乾物メモ

ゆでた大豆の保存方法：冷めたら小分けにし、ジッパー付き保存袋に入れて冷凍保存。日持ちは約1か月。

ゆで方

大豆1袋（300g）はさっと洗って鍋に入れ、3倍の水（6カップ）に2〜3時間つけて戻す。つけた水ごと火にかけて、煮立ったらアクをていねいに除く（写真）。

ふたをして、豆がやわらかくなるまで弱火で50〜60分ゆでる。そのままおいて粗熱を取る（写真）。

●ゆでると重さは2.4倍に

大豆とさば缶のみそ煮

さば缶と合わせ、みそ味を生かしたこっくりとした煮ものに

材料(2人分)

さばみそ煮缶　1缶(190ｇ)

玉ねぎ　½個(100ｇ)

こんにゃく　50ｇ

[A] ゆで汁　½カップ
　酒、みりん、みそ　各大さじ1
　しょうゆ　大さじ½

大豆(ゆでたもの・P76参照)　200ｇ

しょうがの薄切り　1かけ分

① さば缶はさばと缶汁に分ける。玉ねぎは1.5cm大に切る。こんにゃくは1cm角に切り、水からゆでて煮立ったらザルに上げて水気をきる。

② フライパンに[A]とさばの缶汁、大豆、玉ねぎ、こんにゃく、しょうがを入れて煮立て、弱めの中火にし、落としぶたをして7～8分煮る。さばを加えて大きめに割り、落としぶたをしてさらに5分ほど煮る。

鶏手羽元と大豆の甘辛煮

大豆が鶏肉のうまみを吸い、ボリューム煮ものに。ゆで汁も使ってコクをプラス

材料(2人分)

だし昆布　5g

にんじん　⅔本(100g)

鶏手羽元　5～6本(300g)

大豆のゆで汁　½カップ

[A] 酒、みりん、砂糖、しょうゆ
各大さじ1½

大豆(ゆでたもの・P76参照)　200g

・サラダ油

① だし昆布は水1½カップに1～2分つけ、昆布は2cm大に切り、戻し汁は取りおく。

② にんじんは1cm厚さのいちょう切りにする。手羽元は裏側に、骨に沿って切り込みを1本入れる。

③ フライパンにサラダ油小さじ1を熱し、手羽元を弱めの中火で10分ほど焼く(写真a)。焼き色がついたらにんじんをさっと炒め、大豆のゆで汁、①の戻し汁全量を加え(写真b)、煮立ったらアクを除く。[A]を加え、再び煮立ったら大豆、昆布を加え(写真c)、落としぶたをして煮汁がほぼなくなるまで30分ほど煮る。

a 全体に焼き色がつくまでじっくりと焼きつける。

b 大豆のゆで汁と昆布の戻し汁の全量を加えて煮る。

c 調味料を加え、煮立ったところに大豆と昆布を加える。

大豆とベーコンのトマトスープ

大豆は洋風に使っても。トマトの酸味を生かしたスープによく合います

材料(2人分)

スライスベーコン　2枚

玉ねぎ　½個(100g)

トマト　1個

大豆(ゆでたもの・P76参照)　100g

[A] 塩　小さじ½

こしょう　少々

パセリのみじん切り　少々

・オリーブ油

① ベーコン、玉ねぎは1cm大に、トマトは1cm角に切る。

② 鍋にオリーブ油小さじ1を熱し、ベーコンと玉ねぎを炒め、玉ねぎがしんなりとしたら水1カップを加えて煮立てる。大豆、トマトを加え、ふたをして弱めの中火で5分ほど煮る。トマトが煮崩れるくらいになったら[A]で調味する。

③ 器に盛り、オリーブ油少々をかけ、パセリを散らす

大豆とチーズのサラダ

大豆をさっぱりとサラダに。すべてコロコロに切ると食べやすくなります

材料(2人分)

きゅうり　1本

玉ねぎ　¼個(50ｇ)

トマト　小1個

プロセスチーズ(切れているもの)
　6枚(50ｇ)

Ａ 酢　大さじ1
　塩　小さじ⅓
　こしょう　少々
　オリーブ油　大さじ1½

大豆(ゆでたもの・P76参照)　100ｇ

① きゅうりは縦4等分にし、1cm幅に切る。玉ねぎはみじん切りにする。トマト、プロセスチーズは1cm角に切る。

② ボウルにＡを順に入れて混ぜ合わせて、大豆、①を加えてあえる。

ひよこ豆

注目の豆。洋風やエスニック料理に使います

ホクホクした食感が特徴で、高たんぱく質、低脂肪な素材として最近人気のひよこ豆。鳥のくちばしのような出っぱりがあることからこの名が。またガルバンゾ、エジプト豆、チャナ豆などとも呼ばれ、世界各国で使われています。ひよこ豆も一度に1袋をゆでて、残りは冷凍保存しておくのがおすすめです。

フムス

材料（2人分）

ひよこ豆（ゆでたもの・下記参照）　100g

Ⓐ ひよこ豆のゆで汁　大さじ2～3
　にんにくのすりおろし　少々
　オリーブ油　大さじ1
　塩　一つまみ
　こしょう　少々

粗びき黒こしょう　少々

・オリーブ油

① フードプロセッサーにひよこ豆とⒶを入れ、攪拌する。回しにくいときは、ゆで汁少々を足して調節する。

② 器に盛り、粗びき黒こしょうをふり、オリーブ油少々をかける。好みでパンにのせながら食べる。

乾物メモ

ゆでたひよこ豆の保存方法：冷めたら小分けにし、ジッパー付き保存袋に入れて冷凍保存。日持ちは約１か月。

ゆで方

ひよこ豆1袋（200g）はさっと洗って鍋に入れ、3倍の水（約4カップ）に6時間ほどつけて戻す。つけた水ごと火にかけて、煮立ったらアクをていねいに除く（写真）。

ふたをして弱火で10分ほどゆでる。そのままおいて粗熱を取る（写真）。

●ゆでると重さは約2倍に

フムス

フムスは中東生まれのひよこ豆のペーストで、ゆで豆で作ると香りが格段に違います

ファラフェル
スパイシーな香りのひよこ豆のコロッケ。ゆでたての豆で作ってください

材料（2人分）

ひよこ豆（ゆでたもの・P82参照）　200ｇ

A 玉ねぎのみじん切り　¼個分（50ｇ）
にんにくのみじん切り　½かけ分
パセリのみじん切り　大さじ2
小麦粉　大さじ2
クミンシード、塩　各小さじ½
チリパウダー　小さじ¼
こしょう　少々
ひよこ豆のゆで汁　大さじ1

・揚げ油

① フードプロセッサーにゆでたての温かいひよこ豆を入れ、ざっと攪拌する（写真a）。

② Aをすべて加え（写真b）、ギュッと握れるくらいのかたさまでさらに攪拌する（写真c）。10等分し、丸める。

③ フライパンに揚げ油を2cm深さに入れ、180℃に熱して②を入れる。表面が固まってきたら返しながら3分ほど、こんがりと色づくまで揚げる。

a ひよこ豆だけをフードプロセッサーで攪拌する。ザラッとした状態でOK。

b 香味野菜やスパイス、小麦粉などをすべて加える。

c ギュッと握ってまとまる状態ならOK。ベタつく場合は小麦粉を、パサつく場合はゆで汁を足して調節する。

（右）プレーンヨーグルト、マヨネーズ各大さじ2、はちみつ小さじ1、にんにくのすりおろし、塩、こしょう各少々を混ぜたヨーグルトソースを好みでつけて食べる。
（左）パンにリーフレタスと一緒にサンドし、ヨーグルトソースをかけてもおいしい。

ひよこ豆のチリコンカン

赤いんげん豆がよく使われますが、ひよこ豆もおいしい

材料(2人分)

トマト　2個
パプリカ(赤)　½個(100g)
玉ねぎ　½個(100g)
にんにく　½かけ
チリパウダー　小さじ1
合いびき肉　100g
ひよこ豆(ゆでたもの・P82参照)　150g
[A] 塩　小さじ½
　　こしょう　少々
・オリーブ油

① トマトは1cm角に、パプリカはヘタと種を除いて1cm大に切る。玉ねぎ、にんにくはみじん切りにする。

② 鍋にオリーブ油大さじ1を弱火で熱し、にんにくとチリパウダーを炒める。香りが出たら玉ねぎを加え、中火にして4～5分炒める。玉ねぎがしんなりしたらひき肉をほぐしながら炒め、肉の色が変わったらひよこ豆、トマト、パプリカ、[A]を加え、汁気がほぼなくなるまで15～20分煮る。

メキシコ風サラダ

チリパウダーを効かせたドレッシングで風味よいサラダに

材料(2人分)

ゆでだこの足　1本(100g)

アボカド　½個(正味80g)

玉ねぎ　¼個(50g)

🄰 レモン汁　大さじ1

　塩　小さじ⅓

　チリパウダー　小さじ½

　こしょう　少々

　オリーブ油　大さじ2

ひよこ豆(ゆでたもの・P82参照)　100g

① たこは薄切りにする。アボカドは種と皮を除いて1.5cm角に切り、玉ねぎはみじん切りにする。

② ボウルに🄰を順に入れて混ぜ合わせ、ひよこ豆、①を加えてあえる。

高野豆腐

大豆加工品の一つ。ボリュームおかずになります

豆腐を低温で凍らせたあと、解凍、脱水し、乾燥させたもので〝凍り豆腐〟とも呼ばれます。豆腐から作るためにたんぱく質が豊富。戻し時間を短くしたり、戻さずに使えるようにしたりした製品も増えていますが、この本ではぬるま湯で戻すタイプを使用しています。ふっくらとしていながらも弾力があり、臭みも抜けます。

高野豆腐の含め煮

材料(2人分)

高野豆腐　2枚(40g)

A だし汁　1½カップ
酒、みりん　各大さじ1½
砂糖　大さじ1
しょうゆ　大さじ½
塩　小さじ½

① 高野豆腐は戻し(下記参照)、4等分に切る。

② 鍋にAを煮立てて①を加え、落としぶたをして弱火で15分ほど煮る。いったん火を止めて、冷ましながら味を含ませ、食べるときに温める。

戻し方

たっぷりの湯(約50℃)につけ、浮かないように小皿などをのせ(写真)、5分ほどおいて戻す。

やわらかくなったら水の中で軽く押し洗いし(写真)、水気を絞る。

●戻すと重さは約3倍に

高野豆腐の含め煮

だしをたっぷりと含ませて高野豆腐のおいしさを味わいます

高野豆腐のえびの射込み煮

たたいたえびを詰めて、ふっくらと煮上げます

材料(2人分)

高野豆腐　2枚(40g)

むきえび　60g

A 酒、片栗粉　各小さじ1

　塩　少々

B だし汁　1½カップ

　酒、みりん　各大さじ1½

　砂糖　大さじ1

　しょうゆ　大さじ½

　塩　小さじ½

① 高野豆腐は戻し(P88参照)、半分に切る。厚みに切り込みを入れてポケット状にする。

② むきえびはあれば背ワタを除き、洗って水気を拭く。包丁で細かくたたいてAを加え、さらにたたきながら混ぜる。4等分し、①に詰める。

③ 鍋にBを煮立てて②を入れ、落としぶたをして弱火で20分ほど煮る。いったん火を止めて、冷ましながら味を含ませ、食べるときに温める。

高野豆腐と青梗菜《チンゲンサイ》の炒めもの

青菜と炒めてもおいしく、肉なしでも満足感いっぱい

材料(2人分)

高野豆腐　2枚(40g)

青梗菜　1株(100g)

しめじ　1パック(100g)

A 酒　大さじ1

塩　小さじ1

砂糖　小さじ½

こしょう　少々

水溶き片栗粉

［片栗粉大さじ1＋水大さじ2］

・サラダ油、ごま油

① 高野豆腐は戻し(P88参照)、薄切りにする。

② 青梗菜は根元と葉に分け、根元は8つ割りにし、葉は食べやすく切る。しめじは石づきを除き、小房に分ける。

③ フライパンにサラダ油大さじ1を熱し、①、青梗菜の根元としめじを炒める。油がまわったら青梗菜の葉をさっと炒め、水1½カップを加える。煮立ったらAを加え、ひと煮立ちさせて水溶き片栗粉でとろみをつけ、ごま油小さじ1をかける。

干し湯葉

さっと戻すだけで大豆の上品な風味が味わえます

豆乳を温めたときに表面にできる薄い膜が湯葉で、それを乾燥させたもの。たんぱく源として昔から精進料理に使われてきました。巻き湯葉、結び湯葉などいろいろな形がありますが、幅広い料理に使える板状の平湯葉がおすすめです。植物油脂を含むために酸化しやすく、半年くらいで食べきります。

湯葉の澄まし汁

材料(2人分)・作り方

鍋にだし汁２カップを煮立て、酒大さじ１、しょうゆ小さじ１、塩小さじ⅓を加える。平湯葉１枚(または折れ湯葉８ｇ)を折って加え、１〜２分煮る。三つ葉５本を３cm長さに切って加え､火を止める。

乾物メモ

折れ湯葉：平湯葉を加工中にこわれたものを集めたもの。戻し方は同じで、平湯葉を切って使う場合は代用しても。

戻し方

ぬるま湯に3分ほどつけて戻す(写真)。

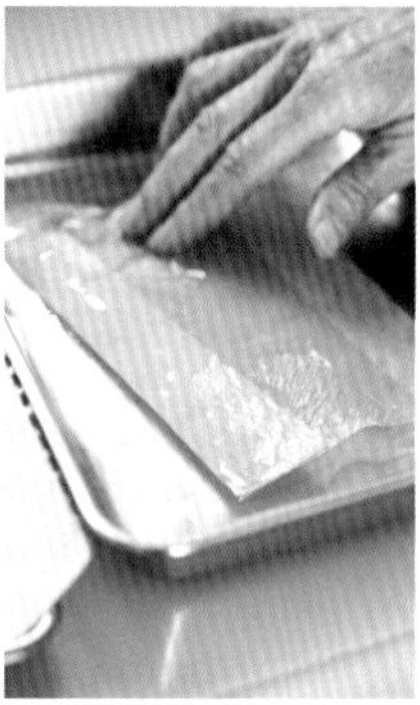

しんなりしたらペーパータオルの上に取って水気をきる(写真)。

●戻すと重さは約1.5倍に

湯葉巻き揚げ

パリパリの湯葉の中にはごま油が香るえび入り。上品な味わい

材料(2人分)

むきえび　100g

Ⓐ長ねぎのみじん切り　大さじ2
　酒　小さじ1
　塩　少々
　片栗粉　大さじ½
　ごま油　小さじ½

平湯葉　2枚(16g)

のり
　[小麦粉小さじ2＋水小さじ1]

・揚げ油

① むきえびはあれば背ワタを除き、洗って水気を拭く。包丁で細かくたたいて、Ⓐを加え、さらにたたいて混ぜる。

② 湯葉は戻し(右ページ参照)、水気を拭き取る。1枚に片栗粉(分量外)を薄くふり、手前に①の半量をのせてならす。手前から巻き、巻き終わりにのりを塗って留める。同様にもう1本巻く。

③ 揚げ油を170°Cに熱し、②をこんがりと色づくまで4分ほど揚げる。食べやすく切って器に盛り、あれば香菜の葉を添える。

湯葉とエリンギのとろみ煮

湯葉が生きるように、淡白な食材と合わせて中華風煮ものに

材料(2人分)
平湯葉　3枚(24g)
小松菜　100g
エリンギ　1パック(100g)
鶏ささ身　1本
下味[酒小さじ1、塩少々]
A 酒　大さじ1
　塩　小さじ⅔
　こしょう　少々
水溶き片栗粉
　[片栗粉大さじ1＋水大さじ2]
・ごま油

① 湯葉は戻し(P92参照)、食べやすい大きさに切る。
② 小松菜は5cm長さに切り、茎と葉に分ける。エリンギは長さを2～3等分に切って縦薄切りにする。ささ身はそぎ切りにし、下味の調味料を軽くもみ込む。
③ フライパンに水1½カップを煮立て、小松菜の茎、エリンギ、ささ身に片栗粉小さじ1(分量外)をまぶして1枚ずつ入れ、ふたをして1分ほど煮る。小松菜の葉と①を加え、Aで調味し、さっと煮る。水溶き片栗粉でとろみをつけ、ごま油小さじ1をかける。

揚げ湯葉の混ぜご飯

湯葉は戻さずに揚げ、砕いて混ぜます。シンプルですが滋味深い味

材料(2人分)

平湯葉　1枚(8ｇ)

ご飯(炊きたて)　1合分

塩　小さじ¼

・揚げ油

① 揚げ油を170℃に熱し、湯葉を入れて揚げ、ふわっと広がったら引き上げる(下写真)。粗熱が取れたらポリ袋に入れ、もんで砕く。

② ご飯に①と塩を加え、さっくりと混ぜる。

湯葉は戻さずに油に入れ、ふわっと広がったらすぐに引き上げる。

春雨

味を吸わせて
ボリュームおかずに活躍

春雨は緑豆やじゃがいも、さつまいもなどのでんぷんを麺状に加工し、乾燥させたものです。煮ても溶けないために加熱料理にも向いている緑豆から作る緑豆春雨がおすすめ。細くて光沢があり、具材のうまみがしみ込み、もちっとした弾力があります。乾燥状態ではかたくて切れないので戻してから切ります。

中華風春雨サラダ

材料(2人分)

春雨　30g
きゅうり　1本
ハム　3枚
白炒りごま　適量
A しょうゆ、酢　各大さじ1
砂糖　小さじ½
ごま油　大さじ½

① 春雨は戻し(下記参照)、食べやすく切る。
② きゅうりは斜め2～3㎜幅に切ってせん切りに、ハムは半分に切って細切りにする。ごまは炒って包丁で刻む。
③ ボウルにAを順に入れて混ぜ合わせ、①を先にあえる。ハムときゅうりを加えてあえ、器に盛り、刻んだごまをふる。

戻し方

春雨は耐熱ボウルに入れ、沸騰した湯をたっぷりと加え(写真)、2～5分おいて戻す。

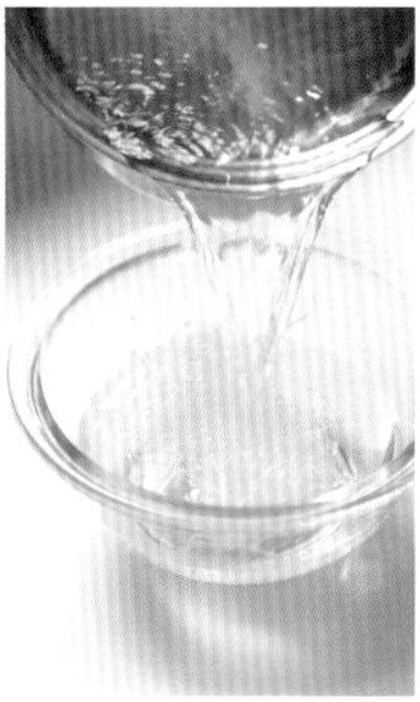

ザルに上げて水洗いし(写真)、水気をよくきる。

●戻すと重さは約4倍に

中華風春雨サラダ

おなじみの春雨サラダ。ごまは炒って刻むとさらに香りがアップします

シンプル麻婆春雨

ひき肉のうまみを吸った春雨を味わいます

材料(2人分)

春雨　30g

もやし　1袋(200g)

にんにく、しょうがのみじん切り　各小さじ1

豚ひき肉　150g

豆板醤《トウバンジャン》　小さじ½

A 酒、しょうゆ　各大さじ1、
塩　小さじ⅔、砂糖　小さじ1、
こしょう　少々

長ねぎのみじん切り　大さじ2

水溶き片栗粉[片栗粉大さじ1＋水大さじ2]

・サラダ油、ごま油

① 春雨は戻し(P96参照)、食べやすく切る。もやしはできればひげ根を取る。

② フライパンにサラダ油大さじ1を熱し、にんにく、しょうがを弱火で炒め、香りが出たらひき肉をほぐしながら中火で炒める。肉の色が変わったら豆板醤をさっと炒め、もやしも炒め、水1カップを加えて煮立てる。

③ Aで調味し、春雨を1～2分煮る。長ねぎを加え、水溶き片栗粉でとろみをつけ、ごま油小さじ1をかける。

鶏肉と春雨のキムチ煮

白菜キムチと韓国の調味料・コチュジャンを使った濃厚な煮込み

材料(2人分)

春雨　45g

鶏もも肉　1枚(250g)

下味[酒、しょうゆ、ごま油 各大さじ1
　にんにくのすりおろし 1かけ分]

にら　1束

白菜キムチ　150g

Ⓐ 酒　大さじ1
　しょうゆ、コチュジャン　各大さじ½
　砂糖　小さじ1
　こしょう　少々

① 春雨は戻し(P96参照)、食べやすく切る。鶏肉は余分な脂を除き　一口大のそぎ切りにし、下味の調味料をもみ込む。にらは5cm長さに切る。

② フライパンに鶏肉を汁ごと入れて炒め、肉の色が変わったらキムチを汁ごと加えて炒める。水1カップを加え、煮立ったら春雨を1～2分煮て、Ⓐで調味する。にらを加えてひと混ぜし、さっと煮る。

豚ひき肉と春雨のレンジ蒸し

シューマイの肉だねを大きくまとめて電子レンジへ。たっぷりとあんをかけます

材料(2人分)
春雨　30g
玉ねぎ　½個(100g)
A 豚ひき肉　200g
　塩、砂糖　各小さじ⅔
　こしょう　少々
　酒　大さじ½
　ごま油　小さじ1
B 水　1カップ
　酒、しょうゆ　各小さじ2
　砂糖　小さじ½
　片栗粉　大さじ1
　ごま油　小さじ½

① 春雨は戻し(P96参照)、1cm長さに切る。玉ねぎはみじん切りにし、片栗粉大さじ1(分量外)をまぶす。

② ボウルにAを入れ、粘りが出るまで練り、玉ねぎ、春雨の順に混ぜる。耐熱皿(直径18cm)に入れてならし、ラップをふんわりとして電子レンジに5分かけ、器に盛る。

③ 小鍋にごま油以外のBを入れ、混ぜながら煮立てる。とろみがついたらごま油を加え、②にかけ、あれば香菜の葉を添える。

肉だんごと春雨のスープ煮

大きな肉だんご入りの中華風煮込み。肉だんごはこんがりと焼くとおいしく

材料(2人分)

春雨　30ｇ

白菜　⅙個(400ｇ)

🄰 豚ひき肉　200ｇ
卵　小１個
酒　大さじ１
しょうがのすりおろし　小さじ1
長ねぎのみじん切り　½本分
片栗粉、水　各大さじ２
塩　小さじ⅓

🄱 酒　大さじ2、しょうゆ　大さじ１、
塩　小さじ⅔

・サラダ油

① 春雨は戻し(P96参照)、食べやすく切る。白菜は縦半分にし、横４cm長さに切る。

② ボウルに🄰を入れ、粘りが出るまで練り、４等分して小判形に成形する。フライパンにサラダ油大さじ½を熱し、肉だんごを入れて両面を３分ずつ焼いて取り出す。

③ ②のフライパンに白菜を入れ、３分ほど炒める。水２カップと🄱を加え、②を戻し、ふたをして弱火で10分ほど煮る。白菜がしんなりしたら春雨を加えて２～３分煮る。

チャプチェ

具材は別々に炒め、仕上げに混ぜ合わせます。彩りきれいなごちそうです

材料(2人分)

春雨　45g

にんじん　½本(70g)

生しいたけ　3枚

絹さや　50g

卵　1個

[A] 塩　小さじ½
　こしょう　適量

牛肉(切り落とし)　100g

下味[しょうゆ、砂糖、ごま油各小さじ1
　にんにくのすりおろし、こしょう
　各少々]

[B] しょうゆ、砂糖、白すりごま
　各大さじ1

・ごま油

① 春雨は戻し(P96参照)、食べやすく切る。

② にんじんはせん切りに、しいたけは軸を落として薄切りにする。絹さやは筋を取り、斜め細切りにする。

③ 卵は割りほぐし、塩少々(分量外)を混ぜる。フライパンにごま油少々を熱し、卵液を流し入れ、薄焼き卵を作る。粗熱を取り、5cm長さの細切りにする。

④ フライパンにごま油大さじ1を強めの中火で熱し、②を順に加え、そのつど2分ほど炒める(写真a)。全体がしんなりしたら[A]の半量で調味し、取り出してボウルに入れる。

⑤ 牛肉は細切りにし、下味の調味料をもみ込む。④のフライパンに入れて炒め(写真b)、肉の色が変わったら④のボウルに入れる。

⑥ 牛肉の焼き汁が残ったフライパンで①を炒め(写真c)、残りの[A]を加え、火が通ったら⑤のボウルに入れ、[B]、③も加えてあえる。

a にんじん、しいたけ、絹さやの順に加え、しんなりするまで2分ずつ炒める。

b 続けて下味をもみ込んだ牛肉を色が変わるまで炒める。

c 牛肉の焼き汁が残ったフライパンに春雨を入れ、汁を吸わせるように炒める。

食べごたえのある車麩なら メインのおかずにも

麩は小麦粉のグルテンに、米の粉や小麦粉を混ぜて形を作り、焼いたり揚げたりして加熱して乾燥させたもの。いろいろな種類がありますが、この本では食べごたえがあり、おかずになる車麩を使っています。車麩は棒に生地を巻いては焼く、これを繰り返して作るため、巻きの回数で大きさが違います。

戻し方

たっぷりの水につけ、浮かないように小皿などをのせ(写真)、真ん中までかたい部分がなくなるまで20～30分おいて戻す。水気をしっかり絞る。

●戻すと重さは約3倍

車麩チャンプル

材料(2人分)

車麩(2回巻き)　3個(18g)

卵　1個

下味[塩少々、砂糖小さじ½]

豚肉(こま切れ)　100g

にら　1束

もやし　1袋(200g)

A 塩　小さじ⅓

　こしょう　少々

　しょうゆ　大さじ½

かつお節　1パック

・サラダ油

① 車麩は戻し(下記参照)、3等分に切る。卵を溶いて下味の調味料を混ぜ、車麩をつけて30分ほどおく。豚肉は塩少々(分量外)をふる。にらは4cm長さに切り、もやしはできればひげ根を取る。

② フライパンにサラダ油大さじ1を熱し、車麩を卵液ごと入れ、1切れずつ両面をこんがりと焼いて(下写真)取り出す。

③ 続けてサラダ油大さじ1を熱し、豚肉を色が変わるまで炒め、強めの中火にしてもやし、にらの順にさっと炒める。②を戻し入れ、Aを順に加えて炒め合わせ、かつお節をふる。

卵液を吸った車麩をこんがりと焼いて香ばしさをプラス。

車麩チャンプル

麩に卵液を吸わせ、こんがり焼くとひと味アップ

車麩と牛肉のすき煮

シンプルな煮ものですが、牛肉のだしを吸った麩はたまらないおいしさ

材料(2人分)

車麩(3回巻き)　3個(30g)

長ねぎ　2本

牛肉(切り落とし)　150g

[A] 酒、砂糖、しょうゆ　各大さじ2

・サラダ油

① 車麩は戻し(P104参照)、水気を絞る。長ねぎは斜め2cm幅に切る。

② フライパンにサラダ油大さじ1を熱し、長ねぎをさっと炒め、牛肉を加えてほぐしながら炒める。肉の色が変わったら水1カップを加えて煮立て、アクを除く。

③ [A]を加え、落としぶたをして3～4分煮る。空いているところに車麩を加え、落としぶたをしてさらに3～4分煮る。

車麩ピザ

クセのない麩は洋風に使っても。ケチャップ、チーズともよく合います

材料(2人分)

車麩(3回巻き)　4個(40g)

ミニトマト　4個

ピーマン　½個(20g)

ウインナーソーセージ　2本

トマトケチャップ　大さじ2

ピザ用チーズ　50g

塩、こしょう　各少々

① 車麩は戻し(P104参照)、水気を絞って半分に切る。ミニトマトは横半分に切る。ピーマンは薄い輪切り、ソーセージは斜め5㎜幅に切る。

② 耐熱皿に車麩を隙間なく並べ、上にトマトケチャップを塗る。ピザ用チーズを散らし、ミニトマト、ソーセージ、ピーマンを彩りよくのせ、塩、こしょうをふる。チーズが溶けるまでオーブントースターで10分ほど焼く。

COLUMN 3

買いものに行けない日に

忙しい日が続いたり、天気が悪くて出かけたくなかったりして買いものに行けないとき、乾物が役立ちます。同じくストックできる缶詰や、冷蔵庫にありがちな食材を組み合わせます。使う材料は数少なくても、乾物がカサ増しになってボリュームおかずに。栄養バランスもばっちりです。さらに、いざというときの非常食にもなります。

切り干し大根＋ベーコン

切り干し大根のベーコン炒め

材料(2人分)

切り干し大根　40ｇ

スライスベーコン　２枚

Ａ 塩　小さじ⅓

　 こしょう　少々

・サラダ油

① 切り干し大根は水で戻し(P８参照)、水気を絞る。戻し汁大さじ２を取りおく。ベーコンは５㎜幅に切る。

② フライパンにサラダ油大さじ１を熱し、ベーコンをさっと炒め、切り干し大根を加えて１～２分炒める。切り干し大根がほぐれたら戻し汁、Ａを加えて炒め合わせる。

干しわかめ＋玉ねぎ＋にんじん

わかめのかき揚げ

材料(2人分)

干しわかめ　5ｇ

玉ねぎ　½個(100ｇ)

にんじん　⅓本(50ｇ)

[A] 水　½カップ

小麦粉　½カップ強

粗塩　少々

・揚げ油

① 干しわかめは戻し(P46参照)、食べやすい長さに切る。玉ねぎは縦薄切り、にんじんは5cm長さの細切りにする。

② ボウルに[A]の水を入れ、小麦粉を加えて軽く混ぜる。

③ 別のボウルに①を入れ、小麦粉大さじ１(分量外)をまぶし、②の衣を加えてさっくりと混ぜる。

④ フライパンに揚げ油を２cm深さに入れて160°Cに熱し、③を⅙量ずつスプーンですくって入れ、カラリとなるまで３～４分揚げる。油をきって器に盛り、粗塩をふる。

高野豆腐＋糸昆布＋にんじん

高野豆腐と糸昆布の煮もの

材料(2人分)
高野豆腐　2枚(30g)
糸昆布　10g
にんじん　1本
Ⓐ酒、みりん
　各大さじ1½
　しょうゆ　大さじ1
　砂糖　大さじ⅔

① 高野豆腐は戻し(P88参照)、6等分に切る。糸昆布は水でさっと洗い、ザルに上げて水気をきる。にんじんは長めの乱切りにする。

② 鍋に水2カップと高野豆腐、にんじんを入れ、ふたをして火にかけ、煮立ったら弱めの中火で3分ほど煮る。Ⓐを加え、糸昆布を散らし入れ、落としぶたをして15分ほど煮る。にんじんがやわらかくなったら火を止め、冷ましながら味を含ませる。

車麩＋卵＋長ねぎ
車麩の卵とじ

材料(2人分)
車麩(2回巻き)　2個(12g)
卵　2個
長ねぎ(青い部分)　½本(50g)
A だし汁(または水)
　1カップ
酒、みりん　各大さじ1
しょうゆ　大さじ½
砂糖　小さじ1
塩　小さじ¼

① 車麩は戻し(P104参照)、水気をしっかり絞り、4等分に切る。長ねぎは斜め薄切りにする。卵は溶きほぐす。

② 小さめのフライパンにAを煮立て、車麩と長ねぎを入れ、車麩に味がしみ込むまで煮る。弱めの中火にして溶き卵を回し入れ、ところどころ混ぜる。ふたをして火を止め、卵が半熟状になるまで余熱で火を通す。

石原洋子 いしはら・ひろこ

料理研究家。自由学園で学び、卒業後は家庭料理、中国料理、フランス料理など各分野の第一人者に学ぶ。料理家のアシスタントを務めたのち独立。自宅で開く料理教室は40年以上になり、テレビの料理番組のレギュラーを15年間務める。基本を大切にしながらも、常に新しい味を追求し、再現性の高いレシピに定評がある。著書には『60歳から始めたい ほんとうにおいしいものだけ！ 石原洋子の電子レンジベストメニュー』（世界文化社）、『石原洋子の梅干し 梅酒 梅料理』（主婦と生活社）など多数。

ブックデザイン　若山嘉代子 L'espace

撮影　鈴木泰介

スタイリング　大畑純子

調理アシスタント　荻田尚子　清水美紀

編集　相沢ひろみ

プリンティングディレクター　栗原哲朗（図書印刷）

きちんと、おいしい！

乾物《かんぶつ》レシピ

16種《しゅ》の乾物《かんぶつ》で、定番《ていばん》の煮《に》ものからサラダまで86品《ひん》

2023年 5月 2日　　第1刷発行

著　者　　石原洋子《いしはらひろこ》
発行者　　渡辺能理夫
発行所　　東京書籍株式会社
　　　　　〒114-8524　東京都北区堀船2-17-1
電話　　03-5390-7531（営業）　03-5390-7508（編集）
印刷・製本　図書印刷株式会社

ISBN978-4-487-81651-4　C2077　NDC596